चालीसा संग्रह

संग्रहकर्ता- गुरु गौरव आर्य

Guruweshvar Publications

ISBN-978-81-968214-5-6

श्री गणेश चालीसा

|| दोहा ||

जय गणपति सदगुणसदन, कविवर बदन कृपाल।

विघ्न हरण मंगल करण, जय जय गिरिजालाल॥

|| चौपाई ||

जय जय जय गणपति गणराजू। मंगल भरण करण शुभ काजू॥

जय गजबदन सदन सुखदाता। विश्व विनायक बुद्धि विधाता॥

वक्र तुण्ड शुचि शुण्ड सुहावन। तिलक त्रिपुण्ड भाल मन भावन॥

राजत मणि मुक्तन उर माला। स्वर्ण मुकुट शिर नयन विशाला॥

पुस्तक पाणि कुठार त्रिशूलं। मोदक भोग सुगन्धित फूलं॥

सुन्दर पीताम्बर तन साजित। चरण पादुका मुनि मन राजित॥

धनि शिवसुवन षडानन भ्राता। गौरी ललन विश्व-विख्याता॥

ऋद्धि-सिद्धि तव चंवर सुधारे। मूषक वाहन सोहत द्घारे॥

कहौ जन्म शुभ-कथा तुम्हारी। अति शुचि पावन मंगलकारी॥

एक समय गिरिराज कुमारी। पुत्र हेतु तप कीन्हो भारी॥

भयो यज्ञ जब पूर्ण अनूपा। तब पहुंच्यो तुम धरि द्घिज रुपा॥

अतिथि जानि कै गौरि सुखारी। बहुविधि सेवा करी तुम्हारी॥

अति प्रसन्न है तुम वर दीन्हा। मातु पुत्र हित जो तप कीन्हा॥

मिलहि पुत्र तुहि, बुद्धि विशाला। बिना गर्भ धारण, यहि काला॥

गणनायक, गुण ज्ञान निधाना। पूजित प्रथम, रुप भगवाना॥

अस कहि अन्तर्धान रुप है। पलना पर बालक स्वरुप है॥

बनि शिशु, रुदन जबहिं तुम ठाना। लखि मुख सुख नहिं गौरि समाना॥

सकल मगन, सुखमंगल गावहिं। नभ ते सुरन, सुमन वर्षावहिं॥

शम्भु, उमा, बहु दान लुटावहिं। सुर मुनिजन, सुत देखन आवहिं॥

लखि अति आनन्द मंगल साजा। देखन भी आये शनि राजा॥

निज अवगुण गुनि शनि मन माहीं। बालक, देखन चाहत नाहीं॥

गिरिजा कछु मन भेद बढ़ायो। उत्सव मोर, न शनि तुहि भायो॥

कहन लगे शनि, मन सकुचाई। का करिहौ, शिशु मोहि दिखाई॥

नहिं विश्वास, उमा उर भयऊ। शनि सों बालक देखन कहाऊ॥

पडतहिं, शनि दृग कोण प्रकाशा। बोलक सिर उड़ि गयो अकाशा॥

गिरिजा गिरीं विकल हुए धरणी। सो दुख दशा गयो नहीं वरणी॥

हाहाकार मच्यो कैलाशा। शनि कीन्हो लखि सुत को नाशा॥

तुरत गरुड़ चढ़ि विष्णु सिधायो। काटि चक्र सो गज शिर लाये॥

बालक के धड़ ऊपर धारयो। प्राण, मंत्र पढ़ि शंकर डारयो॥

नाम गणेश शम्भु तब कीन्हे। प्रथम पूज्य बुद्धि निधि, वन दीन्हे॥

बुद्धि परीक्षा जब शिव कीन्हा। पृथ्वी कर प्रदक्षिणा लीन्हा॥

चले षडानन, भरमि भुलाई। रचे बैठ तुम बुद्धि उपाई॥

धनि गणेश कहि शिव हिय हरषे। नभ ते सुरन सुमन बहु बरसे॥

चरण मातु-पितु के धर लीन्हें। तिनके सात प्रदक्षिण कीन्हें॥

तुम्हरी महिमा बुद्धि बड़ाई। शेष सहसमुख सके न गाई॥

मैं मतिहीन मलीन दुखारी। करहुं कौन विधि विनय तुम्हारी॥

भजत रामसुन्दर प्रभुदासा। जग प्रयाग, ककरा, दुर्वासा॥

अब प्रभु दया दीन पर कीजै। अपनी भक्ति शक्ति कछु दीजै॥

श्री गणेश यह चालीसा। पाठ करै कर ध्यान॥

नित नव मंगल गृह बसै। लहे जगत सन्मान॥

॥ दोहा ॥

सम्वत अपन सहस्त्र दश, ऋषि पंचमी दिनेश।

पूरण चालीसा भयो, मंगल मूर्ति गणेश॥

श्री काली चालीसा

॥दोहा ॥

जयकाली कलिमलहरण, महिमा अगम अपार ।

महिष मर्दिनी कालिका , देहु अभय अपार ॥

अरि मद मान मिटावन हारी । मुण्डमाल गल सोहत प्यारी ॥

अष्टभुजी सुखदायक माता । दुष्टदलन जग में विख्याता ॥

भाल विशाल मुकुट छविछाजै । कर में शीश शत्रु का साजै ॥

दूजे हाथ लिए मधु प्याला । हाथ तीसरे सोहत भाला ॥

चौथे खप्पर खड्ग कर पांचे । छठे त्रिशूलशत्रु बल जांचे ॥

सप्तम करदमकत असि प्यारी । शोभा अद्भुत मात तुम्हारी ॥

अष्टम कर भक्तन वर दाता । जग मनहरण रूप ये माता ॥

भक्तन में अनुरक्त भवानी । निशदिन रटेंऋषी-मुनि ज्ञानी ॥

महशक्ति अति प्रबल पुनीता । तू ही काली तू ही सीता ॥

पतित तारिणी हे जग पालक । कल्याणी पापीकुल घालक ॥

शेष सुरेश न पावत पारा । गौरी रूप धर्यो इक बारा ॥

तुम समान दाता नहिं दूजा । विधिवत करें भक्तजन पूजा ॥

रूप भयंकर जब तुम धारा । दुष्टदलन कीन्हेहु संहारा ॥

नाम अनेकन मात तुम्हारे । भक्तजनों के संकट टारे ॥

कलि के कष्ट कलेशन हरनी । भव भय मोचन मंगल करनी ॥

महिमा अगम वेद यश गावैं । नारद शारद पार न पावैं ॥

भू पर भार बढ्यौ जब भारी । तब तब तुम प्रकटीं महतारी ॥

आदि अनादि अभय वरदाता । विश्वविदित भव संकट त्राता ॥

कुसमय नाम तुम्हारौ लीन्हा । उसको सदा अभय वर दीन्हा ॥

ध्यान धरें श्रुति शेष सुरेशा । काल रूप लखि तुमरो भेषा ॥

कलुआ भैंरों संग तुम्हारे । अरि हित रूप भयानक धारे ॥

सेवक लांगुर रहत अगारी । चौसठ जोगन आज्ञाकारी ॥

त्रेता में रघुवर हित आई । दशकंधर की सैन नसाई ॥

खेला रण का खेल निराला । भरा मांस-मज्जा से प्याला ॥

रौद्र रूप लखि दानव भागे । कियौ गवन भवन निज त्यागे ॥

तब ऐसौ तामस चढ़ आयो । स्वजन विजन को भेद भुलायो ॥

ये बालक लखि शंकर आए । राह रोक चरनन में धाए ॥

तब मुख जीभ निकर जो आई । यही रूप प्रचलित है माई ॥

बाढ्यो महिषासुर मद भारी । पीड़ित किए सकल नर-नारी ॥

करूण पुकार सुनी भक्तन की । पीर मिटावन हित जन-जन की ॥

तब प्रगटी निज सैन समेता । नाम पड़ा मां महिष विजेता ॥

शुंभ निशुंभ हने छन माहीं । तुम सम जग दूसर कोउ नाहीं ॥

मान मथनहारी खल दल के । सदा सहायक भक्त विकल के ॥

दीन विहीन करैं नित सेवा । पावैं मनवांछित फल मेवा ॥

संकट में जो सुमिरन करहीं । उनके कष्ट मातु तुम हरहीं ॥

प्रेम सहित जो कीरतिगावैं । भव बन्धन सों मुक्ती पावैं ॥

काली चालीसा जो पढ़हीं । स्वर्गलोक बिनु बंधन चढ़हीं ॥

दया दृष्टि हेरौ जगदम्बा । केहि कारणमां कियौ विलम्बा ॥

करहु मातु भक्तन रखवाली । जयति जयति काली कंकाली ॥

सेवक दीन अनाथ अनारी। भक्तिभाव युति शरण तुम्हारी ॥

॥ दोहा ॥

प्रेम सहित जो करे, काली चालीसा पाठ ।

तिनकी पूरन कामना, होय सकल जग ठाठ ॥

शीतला माता चालीसा

जय गणेश गिरिजासुवन, मंगल मूल सुजान

जय जय माता शीतला तुमही धरे जो ध्यान ।

होय बिमल शीतल हृदय विकसे बुद्धी बल ज्ञान ॥

घट घट वासी शीतला शीतल प्रभा तुम्हार ।

शीतल छैंय्या शीतल मैंय्या पल ना दार ॥

जय जय श्री शीतला भवानी । जय जग जननि सकल गुणधानी ॥

गृह गृह शक्ति तुम्हारी राजती । पूरन शरन चंद्रसा साजती ॥

विस्फोटक सी जलत शरीरा । शीतल करत हरत सब पीड़ा ॥

मात शीतला तव शुभनामा । सबके काहे आवही कामा ॥

शोक हरी शंकरी भवानी । बाल प्राण रक्षी सुखदानी ॥

सूचि बार्जनी कलश कर राजै । मस्तक तेज सूर्य सम साजै ॥

चौसट योगिन संग दे दावै । पीड़ा ताल मृदंग बजावै ॥

नंदिनाथ भय रो चिकरावै । सहस शेष शिर पार ना पावै ॥

धन्य धन्य भात्री महारानी । सुर नर मुनी सब सुयश बधानी ॥

ज्वाला रूप महाबल कारी । दैत्य एक विश्फोटक भारी ॥

हर हर प्रविशत कोई दान क्षत । रोग रूप धरी बालक भक्षक ॥

हाहाकार मचो जग भारी । सत्यो ना जब कोई संकट कारी ॥

तब मैंय्या धरि अद्‌भुत रूपा । कर गई रिपुसही आंधीनी सूपा ॥

विस्फोटक हि पकड़ी करी लीन्हो । मुसल प्रमाण बहु बिधि कीन्हो ॥

बहु प्रकार बल बीनती कीन्हा । मैय्या नहीं फल कछु मैं कीन्हा ॥

अब नही मातु काहू गृह जै हो । जह अपवित्र वही घर रहि हो ॥

पूजन पाठ मातु जब करी है । भय आनंद सकल दुःख हरी है ॥

अब भगतन शीतल भय जै हे । विस्फोटक भय घोर न सै हे ॥

श्री शीतल ही बचे कल्याना । बचन सत्य भाषे भगवाना ॥

कलश शीतलाका करवावै । वृजसे विधीवत पाठ करावै ॥

विस्फोटक भय गृह गृह भाई । भजे तेरी सह यही उपाई ॥

तुमही शीतला जगकी माता । तुमही पिता जग के सुखदाता ॥

तुमही जगका अतिसुख सेवी । नमो नमामी शीतले देवी ॥

नमो सूर्य करवी दुख हरणी । नमो नमो जग तारिणी धरणी ॥

नमो नमो ग्रहोंके बंदिनी । दुख दारिद्रा निस निखंदिनी ॥

श्री शीतला शेखला बहला । गुणकी गुणकी मातृ मंगला ॥

मात शीतला तुम धनुधारी । शोभित पंचनाम असवारी ॥

राघव खर बैसाख सुनंदन । कर भग दुरवा कंत निकंदन ॥

सुनी रत संग शीतला माई । चाही सकल सुख दूर धुराई ॥

कलका गन गंगा किछु होई । जाकर मंत्र ना औषधी कोई ॥

हेत मातजी का आराधन । और नही है कोई साधन ॥

निश्चय मातु शरण जो आवै । निर्भय ईप्सित सो फल पावै ॥

कोढी निर्मल काया धारे । अंधा कृत नित दृष्टी विहारे ॥

बंधा नारी पुत्रको पावे । जन्म दरिद्र धनी हो जावे ॥

सुंदरदास नाम गुण गावत । लक्ष्य मूलको छंद बनावत ॥

या दे कोई करे यदी शंका । जग दे मैंय्या काही डंका ॥

कहत राम सुंदर प्रभुदासा । तट प्रयागसे पूरब पासा ॥

ग्राम तिवारी पूर मम बासा । प्रगरा ग्राम निकट दुर वासा ॥

अब विलंब भय मोही पुकारत । मातृ कृपाकी बाट निहारत ॥

बड़ा द्वार सब आस लगाई । अब सुधि लेत शीतला माई ॥

यह चालीसा शीतला पाठ करे जो कोय । सपनेउ

दुःख व्यापे नही नित सब मंगल होय ॥

बुझे सहस्र विक्रमी शुक्ल भाल भल किंतू ।

जग जननी का ये चरित रचित भक्ति रस बिंतू ॥

शिव चालीसा

दोहा

श्री गणेश गिरिजा सुवन, मंगल मूल सुजान ।

कहत अयोध्यादास तुम, देहु अभय वरदान ॥

जय गिरिजा पति दीन दयाला । सदा करत सन्तन प्रतिपाला ॥

भाल चन्द्रमा सोहत नीके । कानन कुण्डल नागफनी के॥

अंग गौर शिर गंग बहाये । मुण्डमाल तन छार लगाये ॥

वस्त्र खाल बाघम्बर सोहे । छवि को देख नाग मुनि मोहे ॥

मैना मातु की ह्वै दुलारी । बाम अंग सोहत छवि न्यारी ॥

कर त्रिशूल सोहत छवि भारी । करत सदा शत्रुन क्षयकारी ॥

नन्दि गणेश सोहै तहँ कैसे । सागर मध्य कमल हैं जैसे॥

कार्तिक श्याम और गणराऊ । या छवि को कहि जात न काऊ ॥

देवन जबहीं जाय पुकारा । तब ही दुख प्रभु आप निवारा ॥

किया उपद्रव तारक भारी । देवन सब मिलि तुमहिं जुहारी ॥

तुरत षडानन आप पठायउ । लवनिमेष महँ मारि गिरायउ ॥

आप जलंधर असुर संहारा। सुयश तुम्हार विदित संसारा ॥

त्रिपुरासुर सन युद्ध मचाई । सबहिं कृपा कर लीन बचाई ॥

किया तपहिं भागीरथ भारी । पुरब प्रतिज्ञा तासु पुरारी ॥

दानिन महं तुम सम कोउ नाहीं । सेवक स्तुति करत सदाहीं ॥

वेद नाम महिमा तव गाई । अकथ अनादि भेद नहिं पाई ॥

प्रगट उदधि मंथन में ज्वाला । जरे सुरासुर भये विहाला ॥

कीन्ह दया तहँ करी सहाई । नीलकण्ठ तब नाम कहाई ॥

एक कमल प्रभु राखेउ जोई । कमल नयन पूजन चहं सोई ॥

कठिन भक्ति देखी प्रभु शंकर । भये प्रसन्न दिए इच्छित वर ॥

जय जय जय अनंत अविनाशी । करत कृपा सब के घटवासी ॥

दुष्ट सकल नित मोहि सतावै । भ्रमत रहे मोहि चैन न आवै ॥

त्राहि त्राहि मैं नाथ पुकारो । यहि अवसर मोहि आन उबारो ॥

लै त्रिशूल शत्रुन को मारो । संकट से मोहि आन उबारो ॥

शंकर हो संकट के नाशन । मंगल कारण विघ्न विनाशन ॥

योगी यति मुनि ध्यान लगावैं । नारद शारद शीश नवावैं ॥

नमो नमो जय नमो शिवाय । सुर ब्रह्मादिक पार न पाय ॥

जो यह पाठ करे मन लाई । ता पार होत है शम्भु सहाई ॥

ऋनिया जो कोई हो अधिकारी । पाठ करे सो पावन हारी ॥

पुत्र हीन कर इच्छा कोई । निश्चय शिव प्रसाद तेहि होई ॥

पण्डित त्रयोदशी को लावे । ध्यान पूर्वक होम करावे ॥

त्रयोदशी ब्रत करे हमेशा । तन नहीं ताके रहे कलेशा ॥

धूप दीप नैवेद्य चढ़ावे । शंकर सम्मुख पाठ सुनावे ॥

जन्म जन्म के पाप नसावे । अन्तवास शिवपुर में पावे ॥

॥ दोहा ॥

नित्त नेम कर प्रातः ही, पाठ करौं चालीसा।

तुम मेरी मनोकामना, पूर्ण करो जगदीश ॥

मगसर छठि हेमन्त ऋतु, संवत चौसठ जान ।

अस्तुति चालीसा शिवहि, पूर्ण कीन कल्याण ॥

श्री लक्ष्मी चालीसा

॥ दोहा ॥

मातु लक्ष्मी करि कृपा, करो हृदय में वास ।

मनोकामना सिद्घ करि, परुवहु मेरी आस ॥

॥ सोरठा ॥

यही मोर अरदास, हाथ जोड़ विनती करुं ।

सब विधि करौ सुवास, जय जननि जगदंबिका ॥

॥ चौपाई ॥

सिन्धु सुता मैं सुमिरौ तोही ।

ज्ञान बुद्घि विघा दो मोही ॥

तुम समान नहिं कोई उपकारी । सब विधि पुरवहु आस हमारी ॥

जय जय जगत जननि जगदम्बा । सबकी तुम ही हो अवलम्बा ॥

तुम ही हो सब घट घट वासी । विनती यही हमारी खासी ॥

जगजननी जय सिन्धु कुमारी । दीनन की तुम हो हितकारी ॥

विनवौं नित्य तुमहिं महारानी । कृपा करौ जग जननि भवानी ॥

केहि विधि स्तुति करौं तिहारी । सुधि लीजै अपराध बिसारी ॥

कृपा दृष्टि चितववो मम ओरी । जगजननी विनती सुन मोरी ॥

ज्ञान बुद्‌धि जय सुख की दाता । संकट हरो हमारी माता ॥

क्षीरसिन्धु जब विष्णु मथायो । चौदह रत्न सिन्धु में पायो ॥

चौदह रत्न में तुम सुखरासी । सेवा कियो प्रभु बनि दासी ॥

जब जब जन्म जहां प्रभु लीन्हा । रुप बदल तहं सेवा कीन्हा ॥

स्वयं विष्णु जब नर तनु धारा । लीन्हेउ अवधपुरी अवतारा ॥

तब तुम प्रगट जनकपुर माहीं । सेवा कियो हृदय पुलकाहीं ॥

अपनाया तोहि अन्तर्यामी । विश्व विदित त्रिभुवन की स्वामी ॥

तुम सम प्रबल शक्ति नहीं आनी । कहं लौ महिमा कहौं बखानी ॥

मन क्रम वचन करै सेवकाई । मन इच्छित वांछित फल पाई ॥

तजि छल कपट और चतुराई । पूजहिं विविध भांति मनलाई ॥

और हाल मैं कहौं बुझाई । जो यह पाठ करै मन लाई ॥

ताको कोई कष्ट नोई । मन इच्छित पावै फल सोई ॥

त्राहि त्राहि जय दुःख निवारिणि । त्रिविध ताप भव बंधन हारिणी ॥

जो चालीसा पढ़ै पढ़ावै । ध्यान लगाकर सुनै सुनावै ॥

ताकौ कोई न रोग सतावै । पुत्र आदि धन सम्पत्ति पावै ॥

पुत्रहीन अरु संपति हीना । अन्ध बधिर कोढ़ी अति दीना ॥

विप्र बोलाय कै पाठ करावै । शंका दिल में कभी न लावै ॥

पाठ करावै दिन चालीसा । ता पर कृपा करैं गौरीसा ॥

सुख सम्पत्ति बहुत सी पावै । कमी नहीं काहू की आवै ॥

बारह मास करै जो पूजा । तेहि सम धन्य और नहिं दूजा ॥

प्रतिदिन पाठ करै मन माही । उन सम कोइ जग में कहुं नाहीं ॥

बहुविधि क्या मैं करौं बड़ाई । लेय परीक्षा ध्यान लगाई ॥

करि विश्वास करै व्रत नेमा । होय सिद्‌घ उपजै उर प्रेमा ॥

जय जय जय लक्ष्मी भवानी । सब में व्यापित हो गुण खानी ॥

तुम्हरो तेज प्रबल जग माहीं । तुम सम कोउ दयालु कहुं नाहिं ॥

मोहि अनाथ की सुधि अब लीजै । संकट काटि भक्ति मोहि दीजै ॥

भूल चूक करि क्षमा हमारी । दर्शन दजै दशा निहारी ॥

बिन दर्शन व्याकुल अधिकारी । तुमहि अछत दुःख सहते भारी ॥

नहिं मोहिं ज्ञान बुद्धि है तन में । सब जानत हो अपने मन में ॥

रुप चतुर्भुज करके धारण । कष्ट मोर अब करहु निवारण ॥

केहि प्रकार मैं करौं बड़ाई । ज्ञान बुद्धि मोहि नहिं अधिकाई ॥

॥ दोहा ॥त्राहि त्राहि दुख हारिणी, हरो वेगि सब त्रास ।

जयति जयति जय लक्ष्मी, करो शत्रु को नाश ॥

रामदास धरि ध्यान नित, विनय करत कर जोर ।

मातु लक्ष्मी दास पर, करहु दया की कोर ॥

श्री शनि चालीसा

जय गणेश गिरिजा सुवन । मंगल करण कृपाल ।

दीनन के दुःख दूर करि । कीजै नाथ निहाल ।

जय जय श्री शनिदेव प्रभु । सुनहु विनय महाराज ।

करहु कृपा हे रवि तनय । राखहु जन की लाज ।

जयति जयति शनिदेव दयाला । करत सदा भक्तन प्रतिपाला ।

चारि भुजा, तनु श्याम विराजै । माथे रतन मुकुट छवि छाजै ।

परम विशाल मनोहर भाला । टेढ़ी दृष्टि भृकुटि विकराला ।

कुण्डल श्रवण चमाचम चमके । हिये माल मुक्तन मणि दमके ।

कर में गदा त्रिशूल कूठारा । पल बिच करैं अरिहिं संसारा ।

पिंगल, कृश्णों, छाया, नन्दन । यम कोणस्थ, रौद्र, दुःखभंजन ।

सौरी, मन्द, शनि, दशनामा । भानु पुत्र पूजहिं सब कामा ।

जापर प्रभु प्रसन्न हो जाहीं । रंकहुं राव करै क्षण माहीं ।

पर्वतहु तृण होई निहारत । तृणहु को पर्वत करि डारत ।

राज मिलत बन रामहिं दीन्हा । कैकेइहुँ की मति हरि लीन्हा ।

बनहूँ में मृग कपट दिखाई । मातु जानकी गई चुराई ।

लक्षमन विकल शक्ति के मारे । रामा दल चनंतित बहे सारे

रावण की मति गई बौराई । रामचन्द्र सों बैर बढ़ाई ।

दियो छारि करि कंचन लंका । बाजो बजरंग वीर की डंका ।

नृप विकृम पर दशा जो आई । चित्र मयूर हार सो ठाई ।

हार नौलख की लाग्यो चोरी । हाथ पैर डरवायो तोरी ।

अतिनिन्दा मय बिता जीवन । तेलिहि सेवा लायो निरपटन ।

विनय राग दीपक महँ कीन्हो । तव प्रसन्न प्रभु सुख दीन्हो ।

हरिश्चन्द्र नृप नारी बिकाई । राजा भरे डोम घर पानी ।

वक्र दृश्टि जब नल पर आई । भूंजी- मीन जल बैठी दाई ।

श्री शंकर के गृह जब जाई । जग जननि को भसम कराई ।

तनिक विलोकत करि कुछ रीसा । नभ उड़ि गयो गौरिसुत सीसा ।

पाण्डव पर भै दशा तुम्हारी । अपमानित भई द्रौपदी नारी ।

कौरव कुल की गति मति हारि । युद्ध महाभारत भयो भारी ।

रवि कहं मुख महं धरि तत्काला । कुदि परयो ससा पाताला ।

शेश देव तब विनती किन्ही । मुख बाहर रवि को कर दीन्ही ।

वाहन प्रभु के सात सुजाना । जग दिग्गज गर्दभ मृग स्वाना ।

कौरव कुल की गति मति हारि । युद्ध महाभारत भयो भारी ।

रवि कहं मुख महं धरि तत्काला । कुदि परयो ससा पाताला ।

शेश देव तब विनती किन्ही । मुख बाहर रवि को कर दीन्ही ।

वाहन प्रभु के सात सुजाना । जग दिग्गज गर्दभ मृग स्वाना ।

जम्बुक सिंह आदि नख धारी सो फ़ल जयोतिश कहत पुकारी ।

गज वाहन लक्ष्मी गृह आवे ।हय ते सुख सम्पत्ति उपजावैं ।

गदर्भ हानि करै बहु काजा । सिंह सिद्ध कर राज समाजा ।

जम्बुक बुद्धि नश्ट कर डारै । मृग दे कश्ट प्राण संहारै ।

जब आवहिं प्रभु स्वान सवारी । चोरी आदि होय डर भारी ।

तैसहि चारि चरण यह नामा । स्वर्ण लौह चाँदी अरु तामा ।

लौह चरण पर जब प्रभु आवैं । धन जन सम्पति नश्ट करावै ।

समता ताम्र रजत शुभकारी । स्वर्ण सदा सुख मंगल कारी ।

जो यह शनि चरित्र नित गावै । दशा निकृश्ट न कबहुं सतावै ।

नाथ दिखावै अदभुत लीला । निबल करे जय है बल शिला ।

जो पण्डित सुयोग्य बुलवाई । विधिवत शनि ग्रह शांति कराई ।

पीपल जल शनि दिवस चढ़ावत । दीप दान दै बहु सुख पावत ।

कहत राम सुन्दर प्रभु दासा । शनि सुमिरत सुख होत प्रकाशा ।

दोहा

पाठ शनिचर देव को, कीन्हों विमल तैयार ।

करत पाठ चालीसा दिन, हो दुख सागर पार ।

ॐ शं शनैश्चराय नमः

श्री कृष्ण चालीसा

बंशी शोभित कर मधुर, नील जलद तन श्याम ।

अरुण अधर जनु बिम्ब फल, नयन कमल अभिराम ॥

पूर्ण इन्द्र, अरविन्द मुख, पीताम्बर शुभ साज ।

जय मनमोहन मदन छवि, कृष्णचन्द्र महाराज ॥

जय यदुनन्दन जय जगवन्दन । जय वसुदेव देवकी नन्दन ॥

जय यशुदा सुत नन्द दुलारे । जय प्रभु भक्तन के द्दग तारे ॥

जय नट-नागर नाग नथइया । कृष्ण कन्हैया धेनु चरइया ॥

पुनि नख पर प्रभु गिरिवर धारो । आओ दीनन कष्ट निवारो ॥

वंशी मधुर अधर धरि टेरो । होवे पूर्ण विनय यह मेरो ॥

आओ हरि पुनि माखन चाखो । आज लाज भारत की राखो ॥

गोल कपोल, चिबुक अरुणारे । मृदु मुस्कान मोहिनी डारे ॥

राजित राजिव नयन विशाला । मोर मुकुट वैजन्ती माला ॥

कुण्डल श्रवण पीत पट आछे । कटि किंकणी काछनी काछे ॥

नील जलज सुन्दर तनु सोहे । छबि लखि, सुर नर मुनिमन मोहे ॥

मस्तक तिलक, अलक घुंघराले । आओ कृष्ण बांसुरी वाले ॥

करि पय पान, पूतनहि तारयो । अका बका कागासुर मारयो ॥

मधुबन जलत अगिन जब ज्वाला । भै शीतल, लखतहिं नन्दलाला ॥

सुरपति जब ब्रज चढ्यो रिसाई । मसूर धार वारि वर्षाई ॥

लगत-लगत ब्रज चहन बहायो । गोवर्धन नख धारि बचायो ॥

लखि यसुदा मन भ्रम अधिकाई । मुख महं चौदह भुवन दिखाई ॥

दुष्ट कंस अति उधम मचायो । कोटि कमल जब फूल मंगायो ॥

नाथि कालियहिं तब तुम लीन्हें । चरणचिन्ह दै निर्भय कीन्हें ॥

करि गोपिन संग रास विलासा । सबकी पूरण करि अभिलाषा ॥

केतिक महा असुर संहारयो । कंसहि केस पकड़ि दै मारयो ॥

मात-पिता की बन्दि छुड़ाई । उग्रसेन कहं राज दिलाई ॥

महि से मृतक छहों सुत लायो । मातु देवकी शोक मिटायो ॥

भौमासुर मुर दैत्य संहारी । लाये षट दश सहसकुमारी ॥

दै भीमहिं तृण चीर सहारा । जरासिंधु राक्षस कहं मारा ॥

असुर बकासुर आदिक मारयो । भक्तन के तब कष्ट निवारयो ॥

दीन सुदामा के दुख टारयो । तंदुल तीन मूंठि मुख डारयो ॥

प्रेम के साग विदुर घर मांगे । दुर्योधन के मेवा त्यागे ॥

लखि प्रेम की महिमा भारी । ऐसे याम दीन हितकारी ॥

भारत के पारथ रथ हांके । लिए चक्र कर नहिं बल ताके ॥

निज गीता के ज्ञान सुनाये । भक्तन हृदय सुधा वर्षाये ॥

मीरा थी ऐसी मतवाली । विष पी गई बजा कर ताली ॥

राना भेजा सांप पिटारी । शालिग्राम बने बनवारी ॥

निज माया तुम विदिहिं दिखायो । उर ते संशय सकल मिटायो ॥

तब शत निन्दा करि तत्काला । जीवन मुक्त भयो शिशुपाला ॥

जबहिं द्रौपदी टेर लगाई । दीनानाथ लाज अब जाई ॥

तुरतहिं बसन बने नन्दलाला । बढ़े चीर भै अरि मुँह काला ॥

अस नाथ के नाथ कन्हैया । डूबत भंवर बचावइ नइया ॥

सुन्दरदास आस उर धारी । दया दृष्टि कीजै बनवारी ॥

नाथ सकल मम कुमति निवारो । क्षमहु बेगि अपराध हमारो ॥

खोलो पट अब दर्शन दीजै । बोलो कृष्ण कन्हैया की जै ॥

॥ दोहा ॥

यह चालीसा कृष्ण का, पाठ करै उर धारि ।

अष्ट सिद्धि नवनिधि फल, लहै पदारथ चारि ॥

श्री दुर्गा चालीसा

नमो नमो दुर्गे सुख करनी । नमो नमो अम्बे दुःख हरनी ॥

निराकार है ज्योति तुम्हारी । तिहूं लोक फैली उजियारी ॥

शशि ललाट मुख महा विशाला । नेत्र लाल भृकुटी विकराला ॥

रुप मातु को अधिक सुहावे । दरश करत जन अति सुख पावे ॥

तुम संसार शक्ति लय कीना । पालन हेतु अन्न धन दीना ॥

अन्नपूर्णा हुई जग पाला । तुम ही आदि सुन्दरी बाला ॥

प्रलयकाल सब नाशन हारी । तुम गौरी शिव शंकर प्यारी ॥

शिव योगी तुम्हरे गुण गावें । ब्रह्म विष्णु तुम्हें नित ध्यावें ॥

रुप सरस्वती को तुम धारा । दे सुबुद्धि ऋषि मुनिन उबारा ॥

धरा रुप नरसिंह को अम्बा । प्रगट भई फाड़कर खम्बा ॥

रक्षा कर प्रहलाद बचायो । हिरणाकुश को स्वर्ग पठायो ॥

लक्ष्मी रुप धरो जग माही । श्री नारायण अंग समाही ॥

क्षीरसिन्धु में करत विलासा । दयासिन्धु दीजै मन आसा ॥

हिंगलाज में तुम्हीं भवानी । महिमा अमित न जात बखानी ॥

मातंगी धूमावति माता । भुवनेश्वरि बगला सुखदाता ॥

श्री भैरव तारा जग तारिणि । छिन्न भाल भव दुःख निवारिणी ॥

केहरि वाहन सोह भवानी । लांगुर वीर चलत अगवानी ॥

कर में खप्पर खड्ग विराजे । जाको देख काल डर भाजे ॥

सोहे अस्त्र और तिरशूला । जाते उठत शत्रु हिय शूला ॥

नगर कोटि में तुम्ही विराजत । तिहूं लोक में डंका बाजत ॥

शुम्भ निशुम्भ दानव तुम मारे । रक्तबीज शंखन संहारे ॥

महिषासुर नृप अति अभिमानी । जेहि अघ भार मही अकुलानी ॥

रुप कराल कालिका धारा । सेन सहित तुम तिहि संहारा ॥

परी गाढ़ सन्तन पर जब जब । भई सहाय मातु तुम तब तब ॥

अमरपुरी अरु बासव लोका । तब महिमा सब रहें अशोका ॥

ज्वाला में है ज्योति तुम्हारी । तुम्हें सदा पूजें नर नारी ॥

प्रेम भक्ति से जो यश गावै । दुःख दारिद्र निकट नहिं आवे ॥

ध्यावे तुम्हें जो नर मन लाई । जन्म-मरण ताको छुटि जाई ॥

जोगी सुर मुनि कहत पुकारी । योग न हो बिन शक्ति तुम्हारी ॥

शंकर आचारज तप कीनो । काम अरु क्रोध जीति सब लीनो ॥

निशिदिन ध्यान धरो शंकर को । काहू काल नहिं सुमिरो तुमको ॥

शक्ति रुप को मरम न पायो । शक्ति गई तब मन पछतायो ॥

शरणागत हुई कीर्ति बखानी । जय जय जय जगदम्ब भवानी ॥

भई प्रसन्न आदि जगदम्बा । दई शक्ति नहिं कीन विलम्बा ॥

मोको मातु कष्ट अति घेरो । तुम बिन कौन हरै दुःख मेरो ॥

आशा तृष्णा निपट सतवे । मोह मदादिक सब विनशावै ॥

शत्रु नाश कीजै महारानी । सुमिरों इकचित तुम्हें भवानी ॥

करौ कृपा हे मातु दयाला । ऋद्धि सिद्धि दे करहु निहाला ॥

जब लगि जियौं दया फल पाऊँ । तुम्हरो यश मैं सदा सुनाऊँ ॥

दुर्गा चालीसा जो नित गावै । सब सुख भोग परम पद पावै ॥

देवीदास शरण निज जानी । करहु कृपा जगदम्ब भवानी ॥

श्री भैरव चालीसा

श्री गणपति, गुरु गौरि पद, प्रेम सहित धरि माथ ।

चालीसा वन्दन करों, श्री शिव भैरवनाथ ॥

श्री भैरव संकट हरण, मंगल करण कृपाल ।

श्याम वरण विकराल वपु, लोचन लाल विशाल ॥

जय जय श्री काली के लाला । जयति जयति काशी-कुतवाला ॥

जयति बटुक भैरव जय हारी । जयति काल भैरव बलकारी ॥

जयति सर्व भैरव विख्याता । जयति नाथ भैरव सुखदाता ॥

भैरव रुप कियो शिव धारण । भव के भार उतारण कारण ॥

भैरव रव सुन है भय दूरी । सब विधि होय कामना पूरी ॥

शेष महेश आदि गुण गायो । काशी-कोतवाल कहलायो ॥

जटाजूट सिर चन्द्र विराजत । बाला, मुकुट, बिजायठ साजत ॥

कटि करधनी घुंघरु बाजत । दर्शन करत सकल भय भाजत ॥

जीवन दान दास को दीन्हो । कीन्हो कृपा नाथ तब चीन्हो ॥

वसि रसना बनि सारद-काली । दीन्यो वर राख्यो मम लाली ॥

धन्य धन्य भैरव भय भंजन । जय मनरंजन खल दल भंजन ॥

कर त्रिशूल डमरु शुचि कोड़ा । कृपा कटाक्ष सुयश नहिं थोड़ा ॥

जो भैरव निर्भय गुण गावत । अष्टसिद्धि नवनिधि फल पावत ॥

रुप विशाल कठिन दुख मोचन । क्रोध कराल लाल दुहुं लोचन ॥

अगणित भूत प्रेत संग डोलत । बं बं बं शिव बं बं बोतल ॥

रुद्रकाय काली के लाला । महा कालहू के हो काला ॥

बटुक नाथ हो काल गंभीरा । श्वेत, रक्त अरु श्याम शरीरा ॥

करत तीनहू रुप प्रकाशा । भरत सुभक्तन कहं शुभ आशा ॥

रत्न जड़ित कंचन सिंहासन । व्याघ्र चर्म शुचि नर्म सुआनन ॥

तुमहि जाई काशिहिं जन ध्यावहिं । विश्वनाथ कहं दर्शन पावहिं ॥

जय प्रभु संहारक सुनन्द जय । जय उन्नत हर उमानन्द जय ॥

भीम त्रिलोकन स्वान साथ जय । बैजनाथ श्री जगतनाथ जय ॥

महाभीम भीषण शरीर जय । रुद्र त्र्यम्बक धीर वीर जय ॥

अश्वनाथ जय प्रेतनाथ जय । श्वानारुढ़ सयचन्द्र नाथ जय ॥

निमिष दिगम्बर चक्रनाथ जय । गहत अनाथन नाथ हाथ जय ॥

त्रेशलेश भूतेश चन्द्र जय । क्रोध वत्स अमरेश नन्द जय ॥

श्री वामन नकुलेश चण्ड जय । कृत्याऊ कीरति प्रचण्ड जय ॥

रुद्र बटुक क्रोधेश काल धर । चक्र तुण्ड दश पाणिव्याल धर ॥

करि मद पान शम्भु गुणगावत । चौंसठ योगिन संग नचावत ।

करत कृपा जन पर बहु ढंगा । काशी कोतवाल अड़बंगा ॥

देयं काल भैरव जब सोटा । नसै पाप मोटा से मोटा ॥

जाकर निर्मल होय शरीरा। मिटै सकल संकट भव पीरा ॥

श्री भैरव भूतों के राजा । बाधा हरत करत शुभ काजा ॥

ऐलादी के दुःख निवारयो । सदा कृपा करि काज सम्हारयो ॥

सुन्दरदास सहित अनुरागा । श्री दुर्वासा निकट प्रयागा ॥

श्री भैरव जी की जय लेख्यो । सकल कामना पूरण देख्यो ॥

॥ दोहा ॥

जय जय जय भैरव बटुक, स्वामी संकट टार ।

कृपा दास पर कीजिये, शंकर के अवतार ॥

जो यह चालीसा पढ़े, प्रेम सहित सत बार ।

उस घर सर्वानन्द हों, वैभव बड़े अपार ॥

श्री राम चालीसा

श्री रघुवीर भक्त हितकारी । सुन लीजै प्रभु अरज हमारी ॥

निशिदिन ध्यान धरै जो कोई । ता सम भक्त और नहिं होई ॥

ध्यान धरे शिवजी मन माहीं । ब्रह्म इन्द्र पार नहिं पाहीं ॥

दूत तुम्हार वीर हनुमाना । जासु प्रभाव तिहूं पुर जाना ॥

तब भुज दण्ड प्रचण्ड कृपाला । रावण मारि सुरन प्रतिपाला ॥

तुम अनाथ के नाथ गुंसाई । दीनन के हो सदा सहाई ॥

ब्रह्मादिक तव पारन पावैं । सदा ईश तुम्हरो यश गावैं ॥

चारिउ वेद भरत हैं साखी । तुम भक्तन की लज्जा राखीं ॥

गुण गावत शारद मन माहीं । सुरपति ताको पार न पाहीं ॥

नाम तुम्हार लेत जो कोई । ता सम धन्य और नहिं होई ॥

राम नाम है अपरम्पारा । चारिहु वेदन जाहि पुकारा ॥

गणपति नाम तुम्हारो लीन्हो । तिनको प्रथम पूज्य तुम कीन्हो ॥

शेष रटत नित नाम तुम्हारा । महि को भार शीश पर धारा ॥

फूल समान रहत सो भारा । पाव न कोऊ तुम्हरो पारा ॥

भरत नाम तुम्हरो उर धारो । तासों कबहुं न रण में हारो ॥

नाम शक्षुहन हृदय प्रकाशा । सुमिरत होत शत्रु कर नाशा ॥

लखन तुम्हारे आज्ञाकारी । सदा करत सन्तन रखवारी ॥

ताते रण जीते नहिं कोई । युद्घ जुरे यमहूं किन होई ॥

महालक्ष्मी धर अवतारा । सब विधि करत पाप को छारा ॥

सीता राम पुनीता गायो । भुवनेश्वरी प्रभाव दिखायो ॥

घट सों प्रकट भई सो आई । जाको देखत चन्द्र लजाई ॥

सो तुमरे नित पांव पलोटत । नवो निद्घि चरणन में लोटत ॥

सिद्घि अठारह मंगलकारी । सो तुम पर जावै बलिहारी ॥

औरहु जो अनेक प्रभुताई । सो सीतापति तुमहिं बनाई ॥

इच्छा ते कोटिन संसारा । रचत न लागत पल की बारा ॥

जो तुम्हे चरणन चित लावै । ताकी मुक्ति अवसि हो जावै ॥

जय जय जय प्रभु ज्योति स्वरुपा । नर्गुण ब्रह्म अखण्ड अनूपा ॥

सत्य सत्य जय सत्यव्रत स्वामी । सत्य सनातन अन्तर्यामी ॥

सत्य भजन तुम्हरो जो गावै । सो निश्चय चारों फल पावै ॥

सत्य शपथ गौरीपति कीन्हीं । तुमने भक्तिहिं सब विधि दीन्हीं ॥

सुनहु राम तुम तात हमारे । तुमहिं भरत कुल पूज्य प्रचारे ॥

तुमहिं देव कुल देव हमारे । तुम गुरु देव प्राण के प्यारे ॥

जो कुछ हो सो तुम ही राजा । जय जय जय प्रभु राखो लाजा ॥

राम आत्मा पोषण हारे । जय जय दशरथ राज दुलारे ॥

ज्ञान हृदय दो ज्ञान स्वरुपा । नमो नमो जय जगपति भूपा ॥

धन्य धन्य तुम धन्य प्रतापा । नाम तुम्हार हरत संतापा ॥

सत्य शुद्‌घ देवन मुख गाया । बजी दुन्दुभी शंख बजाया ॥

सत्य सत्य तुम सत्य सनातन । तुम ही हो हमरे तन मन धन ॥

याको पाठ करे जो कोई । ज्ञान प्रकट ताके उर होई ॥

आवागमन मिटै तिहि केरा । सत्य वचन माने शिर मेरा ॥

और आस मन में जो होई । मनवांछित फल पावे सोई ॥

तीनहुं काल ध्यान जो ल्यावे । तुलसी दल अरु फूल चढ़ावै ॥

साग पत्र सो भोग लगावे । सो नर सकल सिद्‌घता पावै ॥

अन्त समय रघुबरपुर जाई । जहां जन्म हरि भक्त कहाई ॥

श्री हरिदास कहै अरु गावै । सो बैकुण्ठ धाम को पावै ॥

॥ दोहा ॥

सात दिवस जो नेम कर, पाठ करे चित लाय ।

हरिदास हरि कृपा से, अवसि भक्ति को पाय ॥

राम चालीसा जो पढ़े, राम चरण चित लाय ।

जो इच्छा मन में करै, सकल सिद्घ हो जाय ॥

श्री सरस्वती चालीसा

जय श्रीसकल बुद्धि बलरासी । जय सर्वज्ञ अमर अविनाशी ॥

जय जय जय वीणाकर धारी । करती सदा सुहंस सवारी ॥

रुप चतुर्भुज धारी माता । सकल विश्व अन्दर विख्याता ॥

जग में पाप बुद्धि जब होती । तबहि धर्म की फीकी ज्योति ॥

तबहि मातु का निज अवतारा । पाप हीन करती महितारा ॥

बाल्मीकि जी थे हत्यारा । तव प्रसाद जानै संसारा ॥

रामचरित जो रचे बनाई । आदि कवि पदवी को पाई ॥

कालिदास जो भये विख्याता । तेरी कृपा दृष्टि से माता ॥

तुलसी सूर आदि विद्धाना । और भये जो ज्ञानी नाना ॥

तिन्ह न और रहेउ अवलम्बा । केवल कृपा आपकी अमबा ॥

करहु कृपा सोई मातु भवानी । दुखित दीन निज दासहिं जानी ॥

पुत्र करइ अपराध बहूता । तेहि न धरइ चित एकउ माता ॥

राखु लाज जननी अब मेरी । विनय करउं भांति बहुतेरी ॥

मैं अनाथ तेरी अवलंबा । कृपा करउ जय जय जगदम्बा ॥

मधुकैटभ जो अति बलवाना । बाहुयुद्ध विष्णु से ठाना ॥

समर हजार पांच में घोरा । फिर भी मुख उनसे नहीं मोरा ॥

मातु सहाय कीन्ह तेहि काला । बुद्धि विपरीत भई खलहाला ॥

तेहि ते मृत्यु भई खल केरी । पुरवहु मातु मनोरथ मेरी ॥

चण्ड मुण्ड जो थे विख्याता । क्षण महु संहारे उन माता ॥

रक्तबीज से समरथ पापी । सुर मुन हृदय धरा सब कांपी ॥

काटेउ सिर जिम कदली खम्बा । बार बार बिनवउं जगदंबा ॥

जगप्रसिद्घ जो शुंभ निशुंभा । क्षण में बांधे ताहि तूं अम्बा ॥

भरत-मातु बुद्धि फेरेउ जाई । रामचन्द्र बनवास कराई ॥

एहि विधि रावन वध तू कीन्हा । सुन नर मुनि सबको सुख दीन्हा ॥

को समरथ तव यश गुन गाना । निगम अनादि अनंत बखाना ॥

विष्णु रुद्र जस सकैं न मारी । जिनकी हो तुम रक्षाकारी ॥

रक्त दन्तिका और शताक्षी । नाम अपार है दानवभक्षी ॥

दुर्गम काज धरा पर कीन्हा । दुर्गा नाम सकल जग लीन्हा ॥

दुर्ग आदि हरनी तू माता । कृपा करहु जब जब सुखदाता ॥

नृप कोपित को मारन चाहै । कानन में घेरे मृग नाहै ॥

सागर मध्य पोत के भंगे । अति तूफान नहिं कोऊ संगे ॥

भूत प्रेत बाधा या दुःख में । हो दरिद्र अथवा संकट में ॥

नाम जपे मंगल सब होई । संशय इसमें करइ न कोई ॥

पुत्रहीन जो आतुर भाई । सबै छांड़ि पूजें एहि भाई ॥

करै पाठ नित यह चालीसा । होय पुत्र सुन्दर गुण ईसा ॥

धूपादिक नैवेघ चढ़ावै । संकट रहित अवश्य हो जावै ॥

भक्ति मातु की करै हमेशा । निकट न आवै ताहि कलेशा ॥

बंदी पाठ करै सत बारा । बंदी पाश दूर हो सारा ॥

रामसागर बांधि हेतु भवानी । कीजै कृपा दास निज जानी ॥

॥ दोहा ॥

मातु सूर्य कान्त तव, अन्धकार मम रुप ।

डूबन से रक्षा करहु परुं न मैं भव कूप ॥

बलबुद्‌घि विघा देहु मोहि, सुनहु सरस्वती मातु ।

रामसागर अधम को आश्रय तू दे दातु ॥

श्री हनुमान चालीसा

श्री गुरु चरण सरोज रज, निज मन मुकुर सुधारि ।

बरनउं रघुबर विमल जसु, जो दायकु पल चारि ॥

बुद्घिहीन तनु जानिकै, सुमिरौं पवन-कुमार ।

बल बुद्घि विघा देहु मोहि, हरहु कलेश विकार ॥

जय हनुमान ज्ञान गुण सागर । जय कपीस तिहुं लोग उजागर ॥

रामदूत अतुलित बल धामा । अंजनि पुत्र पवनसुत नामा ॥

महावीर विक्रम बजरंगी । कुमति निवार सुमति के संगी ॥

कंचन बरन विराज सुवेसा । कानन कुण्डल कुंचित केसा ॥

हाथ वज्र औ ध्वजा विराजै । कांधे मूंज जनेऊ साजै ॥

शंकर सुवन केसरी नन्दन । तेज प्रताप महा जगवन्दन ॥

विघावान गुणी अति चातुर । राम काज करिबे को आतुर ॥

प्रभु चरित्र सुनिबे को रसिया । राम लखन सीता मन बसिया ॥

सूक्ष्म रुप धरि सियहिं दिखावा । विकट रुप धरि लंक जरावा ॥

भीम रुप धरि असुर संहारे । रामचन्द्रजी के काज संवारे ॥

लाय संजीवन लखन जियाये । श्री रघुवीर हरषि उर लाये ॥

रघुपति कीन्हीं बहुत बड़ाई । तुम मम प्रिय भरतहि सम भाई ॥

सहस बदन तुम्हरो यश गावै । अस कहि श्री पति कंठ लगावै ॥

सनकादिक ब्रह्मादि मुनीसा । नारद सारद सहित अहीसा ॥

यह कुबेर दिकपाल जहां ते । कवि कोबिद कहि सके कहां ते ॥

तुम उपकार सुग्रीवहिं कीन्हा । राम मिलाय राजपद दीन्हा ॥

तुम्हरो मन्त्र विभीषन माना । लंकेश्वर भये सब जग जाना ॥

जुग सहस्त्र योजन पर भानू । लाल्यो ताहि मधुर फल जानू ॥

प्रभु मुद्रिका मेलि मुख माही । जलधि लांघि गए अचरज नाहीं ॥

दुर्गम काज जगत के जेते । सुगम अनुग्रह तुम्हरे तेते ॥

राम दुआरे तुम रखवारे । होत न आज्ञा बिनु पैसारे ॥

सब सुख लहै तुम्हारी सरना । तुम रक्षक काहू को डरना ॥

आपन तेज सम्हारो आपै । तीनों लोक हांक ते कांपै ॥

भूत पिशाच निकट नहिं आवै । महाबीर जब नाम सुनावै ॥

नासै रोग हरै सब पीरा । जपत निरन्तर हनुमत बीरा ॥

संकट ते हनुमान छुड़ावै । मन क्रम वचन ध्यान जो लावै ॥

सब पर राम तपस्वी राजा । तिनके काज सकल तुम साजा ॥

और मनोरथ जो कोई लावै । सोइ अमित जीवन फल पावै ॥

चारों जुग परताप तुम्हारा । है परसिद्ध जगत उजियारा ॥

साधु सन्त के तुम रखवारे । असुर निकन्दन राम दुलारे ॥

अष्ट सिद्धि नवनिधि के दाता । अस वर दीन जानकी माता ॥

राम रसायन तुम्हरे पासा । सदा रहो रघुपति के दासा ॥

तुम्हरे भजन राम को पावै । जनम जनम के दुख बिसरावै ॥

अन्तकाल रघुबर पुर जाई । जहाँ जन्म हरि-भक्त कहाई ॥

और देवता चित्त न धरई । हनुमत सेई सर्व सुख करई ॥

संकट कटै मिटै सब पीरा । जो सुमिरै हनुमत बलबीरा ॥

जय जय जय हनुमान गुसांई । कृपा करहु गुरुदेव की नाई ॥

जो शत बार पाठ कर सोई । छूटहिं बंदि महासुख होई ॥

जो यह पढ़ै हनुमान चालीसा । होय सिद्धि साखी गौरीसा ॥

तुलसीदास सदा हरि चेरा । कीजै नाथ हृदय महं डेरा ॥

॥ दोहा ॥

पवनतनय संकट हरन, मंगल मूरति रुप ।

राम लखन सीता सहित, हृदय बसहु सुर भूप ॥

श्री गायत्री चालीसा

ह्रीं श्रीं क्लीं मेधा प्रभा जीवन ज्योति प्रचण्ड ॥

शान्ति कान्ति जागृत प्रगति रचना शक्ति अखण्ड ॥१॥

जगत जननी मङ्गल करनि गायत्री सुखधाम ।

प्रणवों सावित्री स्वधा स्वाहा पूरन काम ॥२॥

भूर्भुवः स्वः ॐ युत जननी । गायत्री नित कलिमल दहनी ॥

अक्षर चौबिस परम पुनीता । इनमें बसें शास्त्र, श्रुति, गीता ॥

शाश्वत सतोगुणी सतरुपा । सत्य सनातन सुधा अनूपा ॥

हंसारुढ़ सितम्बर धारी । स्वर्णकांति शुचि गगन बिहारी ॥

पुस्तक पुष्प कमंडलु माला । शुभ्र वर्ण तनु नयन विशाला ॥

ध्यान धरत पुलकित हिय होई । सुख उपजत, दुःख दुरमति खोई ॥

कामधेनु तुम सुर तरु छाया । निराकार की अदभुत माया ॥

तुम्हरी शरण गहै जो कोई । तरै सकल संकट सों सोई ॥

सरस्वती लक्ष्मी तुम काली । दिपै तुम्हारी ज्योति निराली ॥

तुम्हरी महिमा पारन पावें । जो शारद शत मुख गुण गावें ॥

चार वेद की मातु पुनीता । तुम ब्रहमाणी गौरी सीता ॥

महामंत्र जितने जग माहीं । कोऊ गायत्री सम नाहीं ॥

सुमिरत हिय में ज्ञान प्रकासै । आलस पाप अविघा नासै ॥

सृष्टि बीज जग जननि भवानी । काल रात्रि वरदा कल्यानी ॥

ब्रहमा विष्णु रुद्र सुर जेते । तुम सों पावें सुरता तेते ॥

तुम भक्तन की भक्त तुम्हारे । जननिहिं पुत्र प्राण ते प्यारे ॥

महिमा अपरम्पार तुम्हारी । जै जै जै त्रिपदा भय हारी ॥

पूरित सकल ज्ञान विज्ञाना । तुम सम अधिक न जग में आना ॥

तुमहिं जानि कछु रहै न शेषा । तुमहिं पाय कछु रहै न क्लेषा ॥

जानत तुमहिं, तुमहिं है जाई । पारस परसि कुधातु सुहाई ॥

तुम्हरी शक्ति दिपै सब ठाई । माता तुम सब ठौर समाई ॥

ग्रह नक्षत्र ब्रहमाण्ड घनेरे । सब गतिवान तुम्हारे प्रेरे ॥

सकलसृष्टि की प्राण विधाता । पालक पोषक नाशक त्राता ॥

मातेश्वरी दया व्रत धारी । तुम सन तरे पतकी भारी ॥

जापर कृपा तुम्हारी होई । तापर कृपा करें सब कोई ॥

मंद बुद्धि ते बुधि बल पावें । रोगी रोग रहित है जावें ॥

दारिद मिटै कटै सब पीरा । नाशै दुःख हरै भव भीरा ॥

गृह कलेश चित चिंता भारी । नासै गायत्री भय हारी ॥

संतिति हीन सुसंतति पावें । सुख संपत्ति युत मोद मनावें ॥

भूत पिशाच सबै भय खावें। यम के दूत निकट नहिं आवें॥

जो सधवा सुमिरें चित लाई। अछत सुहाग सदा सुखदाई॥

घर वर सुख प्रद लहैं कुमारी। विधवा रहें सत्य व्रत धारी॥

जयति जयति जगदम्ब भवानी। तुम सम और दयालु न दानी॥

जो सदगुरु सों दीक्षा पावें। सो साधन को सफल बनावें॥

सुमिरन करें सुरुचि बड़भागी। लहैं मनोरथ गृही विरागी॥

अष्ट सिद्धि नवनिधि की दाता। सब समर्थ गायत्री माता॥

ऋषि, मुनि, यती, तपस्वी, जोगी। आरत, अर्थी, चिंतित, भोगी॥

जो जो शरण तुम्हारी आवें। सो सो मन वांछित फल पावें॥

बल, बुद्धि, विघा, शील स्वभाऊ। धन वैभव यश तेज उछाऊ॥

सकल बढ़ें उपजे सुख नाना। जो यह पाठ करै धरि ध्याना॥

यह चालीसा भक्तियुत, पाठ करे जो कोय। तापर कृपा प्रसन्नता,

गायत्री की होय॥

ॐ भूर्भवः स्वः त्तसवितुर्वरेण्यं भर्गो देवस्य धीमहि धियो यो नः प्रचोदयात्।

दोहा

हीं श्रीं, क्लीं, मेधा, प्रभा, जीवन ज्योति प्रचण्ड।

शांति, क्रांति, जागृति, प्रगति, रचना शक्ति अखण्ड॥

जगत जननि, मंगल करनि, गायत्री सुखधाम ।

प्रणवों सावित्री, स्वधा, स्वाहा पूरन काम ॥

श्री वीरभद्र चालीसा

दोहा- वन्दो वीरभद्र शरणों शीश नवाओ भ्रात ।

ऊठकर ब्रह्ममुहुर्त शुभ कर लो प्रभात ॥

ज्ञानहीन तनु जान के भजहौंह शिव कुमार।

ज्ञान ध्यान देही मोही देहु भक्ति सुकुमार।

चौपाई-

जय-जय शिव नन्दन जय जगवन्दन । जय-जय शिव पार्वती नन्दन ॥

जय पार्वती प्राण दुलारे। जय-जय भक्तन के दुःख टारे॥

कमल सदृश्य नयन विशाला । स्वर्ण मुकुट रूद्राक्षमाला॥

ताम्र तन सुन्दर मुख सोहे। सुर नर मुनि मन छवि लय मोहे॥

मस्तक तिलक वसन सुनवाले। आओ वीरभद्र कफली वाले॥

करि भक्तन सँग हास विलासा ।पूरन करि सबकी अभिलासा॥

लखि शक्ति की महिमा भारी।ऐसे वीरभद्र हितकारी॥

ज्ञान ध्यान से दर्शन दीजै।बोलो शिव वीरभद्र की जै॥

नाथ अनाथों के वीरभद्रा। डूबत भँवर बचावत शुद्रा॥

वीरभद्र मम कुमति निवारो ।क्षमहु करो अपराध हमारो॥

वीरभद्र जब नाम कहावै ।आठों सिद्धि दौडती आवै॥

जय वीरभद्र तप बल सागर । जय गणनाथ त्रिलोग उजागर ॥

शिवदूत महावीर समाना । हनुमत समबल बुद्धि धामा ॥

दक्षप्रजापति यज्ञ की ठानी । सदाशिव बिन सफल यज्ञ जानी॥

सति निवेदन शिव आज्ञा दीन्ही । यज्ञ सभा सति प्रस्थान कीन्ही ॥

सबहु देवन भाग यज्ञ राखा । सदाशिव करि दियो अनदेखा ॥

शिव के भाग यज्ञ नहीं राख्यौ। तत्क्षण सती सशरीर त्यागो॥

शिव का क्रोध चरम उपजायो। जटा केश धरा पर मार्‌यो॥

तत्क्षण टँकार उठी दिशाएँ । वीरभद्र रूप रौद्र दिखाएँ॥

कृष्ण वर्ण निज तन फैलाए । सदाशिव सँग त्रिलोक हर्षाए॥

व्योम समान निज रूप धर लिन्हो । शत्रुपक्ष पर दऊ चरण धर

लिन्हो॥

रणक्षेत्र में ध्वँस मचायो । आज्ञा शिव की पाने आयो ॥

सिंह समान गर्जना भारी । त्रिमस्तक सहस्र भुजधारी॥

महाकाली प्रकटहु आई । भ्राता वीरभद्र की नाई ॥

दोहा-

आज्ञा ले सदाशिव की चलहुँ यज्ञ की ओर ।

वीरभद्र अरू कालिका टूट पडे चहुँ ओर॥

गुरु गोरख नाथ चालीसा

॥ दोहा ॥

गणपति गिरजा पुत्र को सुमिरु बारम्बार ।

हाथ जोड़ बिनती करू शारद नाम आधार ॥

॥ चोपाई ॥

जय जय जय गोरख अविनाशी । कृपा करो गुरुदेव प्रकाशी ॥

जय जय जय गोरख गुण ज्ञानी । इच्छा रूप योगी वरदानी ॥

अलख निरंजन तुम्हरो नामा । सदा करो भक्तन हित कामा ॥

नाम तुम्हारो जो कोई गावे । जन्म जन्म के दुःख मिट जावे ॥

जो कोई गोरख नाम सुनावे । भूत पिसाच निकट नहीं आवे ॥

ज्ञान तुम्हारा योग से पावे । रूप तुम्हारा लख्या न जावे ॥

निराकार तुम हो निर्वाणी । महिमा तुम्हारी वेद न जानी ॥

घट - घट के तुम अंतर्यामी । सिद्ध चोरासी करे परनामी ॥

भस्म अंग गल नांद विराजे । जटा शीश अति सुन्दर साजे ॥

तुम बिन देव और नहीं दूजा । देव मुनिजन करते पूजा ॥

चिदानंद संतन हितकारी । मंगल करण अमंगल हारी ॥

पूरण ब्रह्मा सकल घट वासी | गोरख नाथ सकल प्रकाशी ॥

गोरख गोरख जो कोई धियावे | ब्रह्म रूप के दर्शन पावे ॥

शंकर रूप धर डमरू बाजे | कानन कुंडल सुन्दर साजे ॥

नित्यानंद है नाम तुम्हारा | असुर मार भक्तन रखवारा ॥

अति विशाल है रूप तुम्हारा | सुर नर मुनि जन पावे न पारा ॥

दीनबंधु दीनन हितकारी | हरो पाप हम शरण तुम्हारी ॥

योग युक्ति में हो प्रकाशा | सदा करो संतान तन बासा ॥

प्रात : काल ले नाम तुम्हारा | सिद्धि बढे अरु योग प्रचारा ॥

हठ हठ हठ गोरछ हठीले | मर मर वैरी के कीले ॥

चल चल चल गोरख विकराला | दुश्मन मार करो बेहाला ॥

जय जय जय गोरख अविनाशी | अपने जन की हरो चोरासी ॥

अचल अगम है गोरख योगी | सिद्धि दियो हरो रस भोगी ॥

काटो मार्ग यम को तुम आई | तुम बिन मेरा कोन सहाई ॥

अजर अमर है तुम्हारी देहा | सनकादिक सब जोरहि नेहा ॥

कोटिन रवि सम तेज तुम्हारा | है प्रसिद्ध जगत उजियारा ॥

योगी लखे तुम्हारी माया | पार ब्रह्म से ध्यान लगाया ॥

ध्यान तुम्हारा जो कोई लावे | अष्ट सिद्धि नव निधि पा जावे ॥

शिव गोरख है नाम तुम्हारा | पापी दुष्ट अधम को तारा ॥

अगम अगोचर निर्भय नाथा | सदा रहो संतन के साथा ॥

शंकर रूप अवतार तुम्हारा | गोपीचंद, भरथरी को तारा ॥

सुन लीजो प्रभु अरज हमारी | कृपासिन्धु योगी ब्रहमचारी ॥

पूर्ण आस दास की कीजे | सेवक जान ज्ञान को दीजे ॥

पतित पवन अधम अधारा | तिनके हेतु तुम लेत अवतारा ॥

अखल निरंजन नाम तुम्हारा | अगम पंथ जिन योग प्रचारा ॥

जय जय जय गोरख भगवाना | सदा करो भक्तन कल्याना ॥

जय जय जय गोरख अविनाशी | सेवा करे सिद्ध चोरासी ॥

जो यह पढ़े गोरख चालीसा | होए सिद्ध साक्षी जगदीशा ॥

हाथ जोड़कर ध्यान लगावे | और श्रद्धा से भेंट चढ़ावे ॥

बारह पाठ पढ़े नित जोई | मनोकामना पूर्ण होई ॥

महा पतित जिन कहू न तारे। तिन तारे इक नाम तिहारे॥

शत योजन हूँ से जो ध्यावहिं। निशचाई विष्णु लोक पद पावहीं॥

नाम भजत अगणित अघ नाशै। विमल ज्ञान बल बुद्धि प्रकाशे॥

जिमी धन मूल धर्मं अरु दाना। धर्मं मूल गँगाजल पाना॥

तब गुन गुणन करत दुःख भाजत। गृह गृह सम्पति सुमति विराजत॥

गंगहि नेम सहित नित ध्यावत। दुर्जनहूँ सज्जन पद पावत॥

उद्दिहिन विद्या बल पावै। रोगी रोग मुक्त हवे जावै॥

गंगा गंगा जो नर कहहीं। भूखा नंगा कभुहुह न रहहि॥

निकसत ही मुख गंगा माई। श्रवण दाबी यम चलहिं पराई॥

महँ अघिन अधमन कहं तारे। भए नरका के बंद किवारें॥

जो नर जपी गंग शत नामा॥ सकल सिद्धि पूरण ह्वै कामा॥

सब सुख भोग परम पद पावहीं। आवागमन रहित ह्वै जावहीं॥

धनि मइया सुरसरि सुख दैनि। धनि धनि तीरथ राज त्रिवेणी॥

ककरा ग्राम ऋषि दुर्वासा। सुन्दरदास गंगा कर दासा॥

जो यह पढ़े गंगा चालीसा। मिली भक्ति अविरल वागीसा॥

॥ दोहा ॥

नित नए सुख सम्पति लहैं। धरें गंगा का ध्यान॥

अंत समाई सुर पुर बसल। सदर बैठी विमान॥

संवत भुत नभ्दिशी । राम जन्म दिन चैत्र ॥

पूरण चालीसा किया । हरी भक्तन हित नेत्र ॥

श्री नवग्रह चालीसा

॥ दोहा ॥

श्री गणपति गुरुपद कमल, प्रेम सहित सिरनाय ।

नवग्रह चालीसा कहत, शारद हीत सहाय ॥

जय जय रवि शषि सोम बुध, जय गुरु भृगु शनिराज ।

जयति राहु अरु केतु ग्रह, करहु अनुग्रह आज ॥ ॥ चैपाई ॥

श्री सूर्य स्तुति

प्रथमहि रवि कहं नावों माथा, करहु कृपा जनि जानि अनाथा ।

हे आदित्य दिवाकर भानू, मैं मति मन्द महा अज्ञानू ॥

अब निज जन कहं हरहु कलेषा, दिनकर द्वाद्वश रुप दिनेशा ।

नमो भास्कर सूर्य प्रभाकर, अर्क मित्र अघ मोघ क्षमाकर ॥

श्री चन्द्र स्तुति

शषि मयंक रजनीपति स्वामी, चन्द्र कलानिधि नमो नमामि ।

राकापति हिमाषंु राकेषा, प्रणवत जन तन हरहु कलेषा ॥

सोम इन्दु विधु शान्ति सुधाकर, शीत रष्मि औषधि निषाकर ।

तुम्ही शोभित सुन्दर भाल महेषा, शरण शरण जन हरहु कलेषा ॥

श्री मंगल स्तुति

जय जय मंगल सुखदाता, लोहित भोमादिक विख्याता ।

अंगारक कुज रुज ऋणहारी, करहु दया यही विनय हमारी ॥

हे महिसुत छितिसुत सुखराषी, लोहितांग जय जन अघनाषी ।

अगम अमंगल अब हर लीजे, सकल मनोरथ पूरण कीजै ॥

श्री बुध स्तुति

जय शषि नन्दन बुध महाराजा, करहु सकल जन कहं शुभ काजा ।

दीजै बुद्धिबल सुमति सुजाना, कठिन कष्ट हरि करि कल्याना ॥

हे तारासुत रोहिणी नन्दन, चन्द्रसुवन दुख द्वन्द्व निकन्दन ।

पूजहुं आस दास कहुं स्वामी, प्रणत पाल प्रभु नमो नमामी ॥

श्री बृहस्पति स्तुति

जयति जयति जय श्री गुरुदेवा, करों तुम्हारी प्रभु सेवा ।

देवाचार्य तुम देव गुरु ज्ञानी, इन्द्र पुरोहित विद्यादानी ॥

वाचस्पति बागीष उदारा, जीव बृहस्पति नाम तुम्हारा ।

विद्या सिन्धु अंगिरा नामा, करहंु सकल विधि पूरण कामा ॥

श्री शुक्र स्तुति

शुक्र देव तल जल जाता, दास निरन्तर ध्यान लगाता ।

हे उषना भार्गव भृगु नन्दन, दैत्य पुरोहित दुष्ट निकन्दन ॥

भृगुकुल भूषण दूषण हारी, हरहु नेष्ट ग्रह करहु सुखारी ।

तुहि द्विजवर जोषी सिरताजा, नर शरीर के तुम्हीं राजा ॥

श्री शनि स्तुति

जय श्री शनिदेव रविनन्दन, जय कृष्णो सौरी जगवन्दन ।

पिंगल मन्द रौद्र यम नामा, वप्र आदि कोणस्थ ललामा ॥

वक्र दृष्टि पिप्पल तन साजा, क्षण महं करत रंक क्षण राजा ।

ललत स्वर्ण पद करत निहाला, हरहु विपत्ति छाया के लाला ॥

श्री राहु स्तुति

जय जय राहु गगन प्रविसइया, तुम्ही चन्द्र आदित्य ग्रसइया ।

रवि शषि अरि स्वर्भानु धारा, षिखी आदि बहु नाम तुम्हारा ॥

सैहिंकेय तुम निषाचर राजा, अर्धकाय जग राखहु लाजा ।

यदि ग्रह समय पाय कहिं आवहु, सदा शान्ति और सुख उपजावहु ॥

श्री केतु स्तुति

जय श्री केतु कठिन दुखहारी, करहु सुजन हित मंगलकारी ।

ध्वजयुक्त रुण्ड रुप विकराला, घोर रौद्रतन अघमन काला ॥

षिखी तारिका ग्रह बलवाना, महा प्रताप न तेज ठिकाना।

वाहन मीन शुभकारी, दीजै शान्ति दया उर धारी॥

नवग्रह शांति फल

तीरथराज प्रयाग सुपासा, बसै राम के सुन्दर दासा।

ककरा ग्रामहिं पुरे-तिवारी, दुर्वासाश्रम जन दुःख हारी॥

नव-ग्रह शान्ति लिख्यो सुख हेतु, जन तन कष्ट उतारण सेतू।

जो नित पाठ करै चित लावै, सब सुख भोगि परम पद पावै॥

॥ दोहा ॥

धन्य नवग्रह देव प्रभु, महिमा अगम अपार।

चित नव मंगल मोद गृह, जगत जनन सुखद्वार॥

यह चालीसा नवग्रह विरचित सुन्दरदास।

पढ़त प्रेम युत बढ़त सुख, सर्वानन्द हुलास॥

श्री विष्णु चालीसा

दोहा

विष्णु सुनिए विनय सेवक की चितलाय ।

कीरत कुछ वर्णन करूं दीजै ज्ञान बताय ॥

विष्णु चालीसा

नमो विष्णु भगवान खरारी, कष्ट नशावन अखिल बिहारी ।

प्रबल जगत में शक्ति तुम्हारी, त्रिभुवन फैल रही उजियारी ॥

सुन्दर रूप मनोहर सूरत, सरल स्वभाव मोहनी मूरत ।

तन पर पीताम्बर अति सोहत, बैजन्ती माला मन मोहत ॥

शंख चक्र कर गदा विराजे, देखत दैत्य असुर दल भाजे ।

सत्य धर्म मद लोभ न गाजे, काम क्रोध मद लोभ न छाजे ॥

सन्तभक्त सज्जन मनरंजन, दनुज असुर दुष्टन दल गंजन ।

सुख उपजाय कष्ट सब भंजन, दोष मिटाय करत जन सज्जन ॥

पाप काट भव सिन्धु उतारण, कष्ट नाशकर भक्त उबारण ।

करत अनेक रूप प्रभु धारण, केवल आप भक्ति के कारण ॥

धरणि धेनु बन तुमहिं पुकारा, तब तुम रूप राम का धारा ।

भार उतार असुर दल मारा, रावण आदिक को संहारा ॥

आप वाराह रूप बनाया, हिरण्याक्ष को मार गिराया ।

धर मत्स्य तन सिन्धु बनाया, चौदह रतनन को निकलाया ॥

अमिलख असुरन द्वन्द मचाया, रूप मोहनी आप दिखाया ।

देवन को अमृत पान कराया, असुरन को छवि से बहलाया ॥

कूर्म रूप धर सिन्धु मझाया, मन्द्राचल गिरि तुरत उठाया ।

शंकर का तुम फन्द छुड़ाया, भस्मासुर को रूप दिखाया ॥

वेदन को जब असुर डुबाया, कर प्रबन्ध उन्हें ढुढवाया ।

मोहित बनकर खलहि नचाया, उसही कर से भस्म कराया ॥

असुर जलन्धर अति बलदाई, शंकर से उन कीन्ह लड़ाई ।

हार पार शिव सकल बनाई, कीन सती से छल खल जाई ॥

सुमिरन कीन तुम्हें शिवरानी, बतलाई सब विपत कहानी ।

तब तुम बने मुनीश्वर ज्ञानी, वृन्दा की सब सुरति भुलानी ॥

देखत तीन दनुज शैतानी, वृन्दा आय तुम्हें लपटानी ।

हो स्पर्श धर्म क्षति मानी, हना असुर उर शिव शैतानी ॥

तुमने ध्रुव प्रहलाद उबारे, हिरणाकुश आदिक खल मारे ।

गणिका और अजामिल तारे, बहुत भक्त भव सिन्धु उतारे ॥

हरहु सकल संताप हमारे, कृपा करहु हरि सिरजन हारे ।

देखहुं मैं निज दरश तुम्हारे, दीन बन्धु भक्तन हितकारे ॥

चाहता आपका सेवक दर्शन, करहु दया अपनी मधुसूदन ।

जानूं नहीं योग्य जब पूजन, होय यज्ञ स्तुति अनुमोदन ॥

शीलदया सन्तोष सुलक्षण, विदित नहीं व्रतबोध विलक्षण ।

करहुं आपका किस विधि पूजन, कुमति विलोक होत दुख भीषण ॥

करहुं प्रणाम कौन विधिसुमिरण, कौन भांति मैं करहु समर्पण ।

सुर मुनि करत सदा सेवकाई, हर्षित रहत परम गति पाई ॥

दीन दुखिन पर सदा सहाई, निज जन जान लेव अपनाई ।

पाप दोष संताप नशाओ, भव बन्धन से मुक्त कराओ ॥

सुत सम्पति दे सुख उपजाओ, निज चरनन का दास बनाओ ।

निगम सदा ये विनय सुनावै, पढ़ै सुनै सो जन सुख पावै ॥

॥ इति श्री विष्णु चालीसा ॥

श्री पार्वती चालीसा

॥ दोहा ॥

जय गिरि तनये दुर्गे शम्भू प्रिये गुणखानी।

गणपति जननी पार्वती अम्बे ! शक्ति ! भवानी । ।

। । चौपाई। ।

ब्रह्मा भेद न तुम्हरे पावे, पंच बदन नित तुमको ध्यावे ।

षड्मुख कहि न सकत यश तेरो, सहसबदन श्रम करत घनेरो । ।

तेरो पार न पावत माता, स्थित रक्षा लय हित सजाता।

अधर प्रवाल सदृश अरुणारे, अति कमनीय नयन कजरारे । ।

ललित लालट विलेपित केशर, कुंकुंम अक्षत शोभा मनोहर।

कनक बसन कञ्चुकि सजाये, कटी मेखला दिव्य लहराए । ।

कंठ मदार हार की शोभा, जाहि देखि सहजहि मन लोभ।

बालारुण अनंत छवि धारी, आभूषण की शोभा प्यारी । ।

नाना रत्न जड़ित सिंहासन, तापर राजित हरी चतुरानन।

इन्द्रादिक परिवार पूजित, जग मृग नाग यक्ष रव कूजित । ।

गिर कैलाश निवासिनी जय जय, कोटिकप्रभा विकासिनी जय जय ।

त्रिभुवन सकल, कुटुंब तिहारी, अणु -अणु महं तुम्हारी उजियारी। ।

हैं महेश प्राणेश ! तुम्हारे, त्रिभुवन के जो नित रखवारे ।

उनसो पति तुम प्राप्त कीन्ह जब, सुकृत पुरातन उदित भए तब। ।

बुढा बैल सवारी जिनकी, महिमा का गावे कोउ तिनकी।

सदा श्मशान विहरी शंकर, आभूषण हैं भुजंग भयंकर। ।

कंठ हलाहल को छवि छायी, नीलकंठ की पदवी पायी ।

देव मगन के हित अस किन्हों, विष लै आपु तिनहि अमि दिन्हो। ।

ताकी तुम पत्नी छवि धारिणी, दुरित विदारिणी मंगल कारिणी ।

देखि परम सौंदर्य तिहारो, त्रिभुवन चकित बनावन हारो। ।

भय भीता सो माता गंगा, लज्जा मय है सलिल तरंगा ।

सौत सामान शम्भू पहआयी, विष्णु पदाब्ज छोड़ि सो धायी । ।

तेहिकों कमल बदन मुर्झायो, लखी सत्वर शिव शीश चढायो ।

नित्यानंद करी वरदायिनी, अभय भक्त कर नित अनपायिनी। ।

अखिल पाप त्र्यताप निकन्दनी, माहेश्वरी,हिमालय नन्दिनी।

काशी पूरी सदा मन भायी, सिद्ध पीठ तेहि आपु बनायीं। ।

भगवती प्रतिदिन भिक्षा दात्री, कृपा प्रमोद सनेह विधात्री ।

रिपुक्षय कारिणी जय जय अम्बे, वाचा सिद्ध करी अवलम्बे। ।

गौरी उमा शंकरी काली, अन्नपूर्णा जग प्रतिपाली ।

सब जन की ईश्वरी भगवती, पतिप्राणा परमेश्वरी सती। ।

तुमने कठिन तपस्या किनी, नारद सो जब शिक्षा लीनी।

अन्न न नीर न वायु अहारा, अस्थि मात्रतन भयउ तुम्हारा। ।

पत्र घास को खाद्या न भायउ, उमा नाम तब तुमने पायउ ।

तप बिलोकी ऋषि सात पधारे, लगे डिगावन डिगी न हारे। ।

तव तव जय जय जय उच्चारेउ, सप्तऋषि, निज गेह सिधारेउ ।

सुर विधि विष्णु पास तब आए, वर देने के वचन सुनाए। ।

मांगे उमा वर पति तुम तिनसो, चाहत जग त्रिभुवन निधि, जिन सों ।

एवमस्तु कही ते दोऊ गए, सुफल मनोरथ तुमने लए। ।

करि विवाह शिव सों हे भामा, पुनः कहाई हर की बामा।

जो पढ़िहै जन यह चालीसा, धन जनसुख देइहै तेहि ईसा। ।

। । दोहा। ।

कूट चन्द्रिका सुभग शिर जयति शुचि खानी

पार्वती निज भक्त हित रहउ सदा वरदानी।

श्री राधा चालीसा

।।दोहा।।

श्री राधे वृषभानुजा, भक्तनि प्राणाधार ।

वृन्दाविपिन विहारिणी, प्रानावौ बारम्बार ।।

जैसो तैसो रावरौ, कृष्ण प्रिय सुखधाम ।

चरण शरण निज दीजिये सुन्दर सुखद ललाम ।।

।।चौपाई।।

जय वृषभानु कुँवरी श्री श्यामा, कीरति नंदिनी शोभा धामा ।

नित्य बिहारिनी रस विस्तारिणी, अमित मोद मंगल दातारा ।।

राम विलासिनी रस विस्तारिणी, सहचरी सुभग यूथ मन भावनी ।

करुणा सागर हिय उमंगिनी, ललितादिक सखियन की संगिनी ।।

दिनकर कन्या कुल विहारिनी, कृष्ण प्राण प्रिय हिय हुलसावनी ।

नित्य श्याम तुमररौ गुण गावै, राधा राधा कही हरशावै ।।

मुरली में नित नाम उचारें, तुम कारण लीला वपु धारें ।

प्रेम स्वरूपिणी अति सुकुमारी, श्याम प्रिया वृषभानु दुलारी ।।

नवल किशोरी अति छवि धामा, द्दुति लधु लगै कोटि रति कामा ।

गोरांगी शशि निंदक वंदना, सुभग चपल अनियारे नयना ।।

जावक युत युग पंकज चरना, नुपुर धुनी प्रीतम मन हरना ।

संतत सहचरी सेवा करहिं, महा मोद मंगल मन भरहीं ।।

रसिकन जीवन प्राण अधारा, राधा नाम सकल सुख सारा ।

अगम अगोचर नित्य स्वरूपा, ध्यान धरत निशिदिन ब्रज भूपा ।।

उपजेउ जासु अंश गुण खानी, कोटिन उमा राम ब्रह्मिनी ।

नित्य धाम गोलोक विहारिन, जन रक्षक दुःख दोष नसावनि ।।

शिव अज मुनि सनकादिक नारद, पार न पाँई शेष शारद ।

राधा शुभ गुण रूप उजारी, निरखि प्रसन होत बनवारी ।।

ब्रज जीवन धन राधा रानी, महिमा अमित न जाय बखानी ।

प्रीतम संग दे ई गलबाँही, बिहरत नित वृन्दावन माँहि ।।

राधा कृष्ण कृष्ण कहैं राधा, एक रूप दोउ प्रीति अगाधा ।

श्री राधा मोहन मन हरनी, जन सुख दायक प्रफुलित बदनी ।।

कोटिक रूप धरे नंद नंदा, दर्श करन हित गोकुल चंदा ।

रास केलि करी तुहे रिझावें, मन करो जब अति दुःख पावें ।।

प्रफुलित होत दर्श जब पावें, विविध भांति नित विनय सुनावे ।

वृन्दारण्य विहारिनी श्यामा, नाम लेत पूरण सब कामा ।।

कोटिन यज्ञ तपस्या करहु, विविध नेम व्रतहिय में धरहु ।

तऊ न श्याम भक्तहिं अहनावें, जब लगी राधा नाम न गावें ।।

व्रिन्दाविपिन स्वामिनी राधा, लीला वपु तब अमित अगाधा ।

स्वयं कृष्ण पावै नहीं पारा, और तुम्हैं को जानन हारा ।।

श्री राधा रस प्रीति अभेदा, सादर गान करत नित वेदा ।

राधा त्यागी कृष्ण को भाजिहैं, ते सपनेहूं जग जलधि न तरिहैं ।।

कीरति हूँवारी लडिकी राधा, सुमिरत सकल मिटहिं भव बाधा ।

नाम अमंगल मूल नसावन, त्रिविध ताप हर हरी मनभावना ।।

राधा नाम परम सुखदाई, भजतहीं कृपा करहिं यदुराई ।

यशुमति नंदन पीछे फिरेहै, जी कोऊ राधा नाम सुमिरिहै ।।

रास विहारिनी श्यामा प्यारी, करहु कृपा बरसाने वारी ।

वृन्दावन है शरण तिहारी, जय जय जय वृषभानु दुलारी ।।

।। दोहा।।

श्री राधा सर्वेश्वरी, रसिकेश्वर धनश्याम ।

करहूँ निरंतर बास मै, श्री वृन्दावन धाम ।।